JOHN GRAY

Echt Mars & Venus

De essentie uit

Mannen komen van Mars, vrouwen van Venus

Met illustraties van Barbara Slate

Het Spectrum

Dit boek draag ik met de grootste liefde
op aan mijn vrouw, Bonnie Gray.
Haar liefde, kwetsbaarheid, wijsheid en kracht hebben mij
geïnspireerd het beste in mij naar boven te halen en
uit te dragen wat wij samen hebben geleerd.

- John Gray -

Inhoud

Uitgeverij Het Spectrum B.V.
Postbus 2073
3500 GB Utrecht

Oorspronkelijke titel: *Truly Mars & Venus*
Uitgegeven door: HarperCollins Publishers
Vertaald door: Scribent, Ap van Rijsoort

Eerste druk (paperback) 2003
Tweede druk 2004
Omslagontwerp: Studio Herman Bade
Illustraties binnenwerk: Barbara Slate
Zetwerk: Scribent, Amsterdam
Druk: Giethoorn Ten Brink, Meppel

ISBN 90 274 8969 6
NUR 770
www.spectrum.nl

Dankwoord

Ik dank mijn vrouw, Bonnie, voor het met mij meereizen door de ontwikkeling van dit boek.

Ik dank onze drie dochters, Shannon, Juliet en Lauren, voor hun voortdurende liefde en steun. Het samenleven met vier Venusbewoners heeft mijn begrip en eerbied voor het vrouwelijke gezichtspunt zeker vergroot.

Ik dank Barbara Slate voor het ontwerpen en tekenen van de illustraties.

Ik dank mijn redacteur bij uitgeverij HarperCollins, Meghan Dowling, voor haar briljante feedback en adviezen. Ook dank ik mijn publicist, Leslie Cohen, en de ongelooflijke mensen bij HarperCollins.

Ik dank Linda Michaels, mijn internationale agent, voor het laten uitgeven van mijn boek in meer dan vijftig talen. Ik dank Monique Mallory bij Planned Television Arts voor de noeste arbeid om mijn drukke agenda te organiseren.
Ik dank mijn mensen – Rosie Lynch, Michael Najarian, Donna Doiron en Jeff Owens – voor hun niet-aflatende steun

en inzet bij het marketen van mijn radioprogramma's, boeken, banden, seminars en publieke optredens.

Ik dank mijn ouders, Virginia en David Gray, voor hun liefde en aanmoediging. Hoewel ze niet langer onder ons zijn, omringt en ondersteunt hun liefde mij nog altijd.

Woord vooraf

De tijden zijn zeker veranderd, maar vanbinnen zijn er nog steeds grote verschillen tussen mannen en vrouwen. Als een man trouwt, hoopt hij nog steeds dat zijn vrouw dezelfde zal blijven, terwijl zij nog steeds hoopt dat hij na hun huwelijk zal veranderen. Mannen vragen zich nog steeds af hoe je een vrouw gelukkig maakt, terwijl vrouwen nog altijd het gedrag van een man te veel analyseren. Als hij stil en teruggetrokken is, vraagt zij zich af: houdt hij nog van me, heb ik iets verkeerds gezegd, drijven we uit elkaar, heb ik iets niet goed gedaan? In werkelijkheid zit hij zich gewoon af te vragen of er vanavond nog iets op tv komt.

Nooit eerder in de geschiedenis waren man en vrouw zo dicht bij elkaar. Mannen besteden meer tijd aan romantiek, vrouwen werken zij aan zij met mannen op kantoor. Hoewel we absoluut meer op elkaar gaan lijken, betekent dat nog niet dat we gelijk zijn of dat we gelijk zouden móéten zijn. De verschillen maken onze partners juist interessant en aantrekkelijk. Het grootste probleem is echter onze neiging om te verwachten dat onze partners hetzelfde denken en voelen als wij. Door *Echt Mars en Venus* te lezen, en te onthouden dat mannen van Mars komen en vrouwen van Venus, wordt dit grootste probleem eenvoudig opgelost.

Onze sekseverschillen worden het makkelijkst begrepen en overbrugd door ze te benaderen met humor. De mannen en vrouwen op mijn seminars bedanken me vaak voor de speelse en humoristische wijze waarop ik de stof presenteer. Met een lach op hun gezicht zijn ze in staat zichzelf open te stellen en de boodschap werkelijk te begrijpen.

Met dezelfde humoristische methode krijgen mannen in *Echt Mars en Venus* inzicht in de eeuwenoude kwestie: wat maakt een vrouw gelukkig? Tegelijkertijd zal de vrouw de redenen beginnen te begrijpen van wat zij beschouwt als het vaak bizarre gedrag van mannen.

Ze zal bijvoorbeeld antwoord krijgen op de vraag: 'Waarom negeert een man een vrouw vaak als ze net samen iets leuks hebben gedaan?' Met andere woorden: 'Waarom belt hij niet?' De man zal bepaalde basiskennis verwerven, zoals waarom een vrouw met een man over haar problemen praat, maar niet op zoek is naar een oplossing... of waarom ze soms over problemen praat die toch niet op te lossen zijn. Er zijn zoveel vragen, en het is zo leuk om ze beantwoord te zien.

Als je op Mars een probleem niet kunt oplossen, dan is de juiste handelswijze: het probleem vergeten en verdergaan. Op Venus hebben ze een andere filosofie: 'Als we het niet kunnen oplossen, kunnen we er in ieder geval nog over praten.' Door de verschillende manieren van omgaan met stress en door problemen te begrijpen, kunnen zowel mannen als vrouwen leren een grotere steun te zijn voor hun partner.

Het gaat er ook niet om dat we geen steun wíllen verlenen. Niemand wordt 's morgens wakker met de gedachte: 'Hoe kan ik mijn partner vandaag het beste irriteren?' (Tenminste, niet in het begin.) Als we net verliefd zijn, willen we het beste van onszelf geven. Het verborgen probleem is dat het beste van onszelf niet altijd is wat onze partner het liefste wil of het hardst nodig heeft. We geven automatisch de steun die wijzelf zouden willen ontvangen, niet de steun die de ander werkelijk wil.

Als ik als man uit mijn humeur ben, wil ik meestal alleen worden gelaten en op een vriendelijke manier worden genegeerd, tot ik weer wat vrolijker ben. Ondervraagd worden over hoe ik me voel, is wel het laatste wat ik dan wil. Een vrouw daarentegen verwacht van haar partner dat hij haar stemming opmerkt en haar liefdevol vragen stelt over hoe haar dag is geweest. Als ik deze verschillen niet zou kennen en mijn vrouw had zo'n dag waarop haar haar niet wilde zitten, zou ik haar op een vriendelijke manier negeren en onterecht denken dat ik haar daarmee steunde. Zij zou zich op haar beurt afvragen: 'Hoe kan hij mij negeren, juist op het moment dat ik hem het hardst nodig heb? Houdt hij niet meer van me?' Door dit simpele misverstand zou haar stemming nog slechter worden. Door haar op mijn manier proberen te helpen, zou ik nietsvermoedend de zaak juist erger hebben gemaakt.

In *Echt Mars en Venus* zult u ontdekken hoe we vaak geven wat we zelf willen ontvangen, terwijl dat niet altijd is wat onze partner wil. Binnen een paar dagen leert u om de liefde die u in uw hart voor uw partner voelt, over te brengen door middel van uw acties en reacties. Dit kleine, eenvoudig te lezen boek bevat de kern van al mijn *Mars&Venus*-boeken en onthult de vele geheimen van het leven op Mars en Venus. Hoewel sommigen behoefte zullen hebben aan een diepgravender studie van de verschillen, zal *Echt Mars en Venus* de geesten en harten openen voor een betere manier om met elkaar om te gaan.

Dit boekje is niet enkel een praktische handleiding voor gelukkige relaties: het is ook leuk om te lezen. U zult, net als de duizenden deelnemers aan mijn *Mars&Venus*-seminars, lachen om de vele voorbeelden van alledaagse misverstanden en onnodige frustraties tussen man en vrouw. Deze eenvoudige boodschap kan niet alleen gelukkige relaties verder verrijken, het heeft ook duizenden bedreigde relaties van de ondergang gered.

Het belangrijkste dat ik de afgelopen dertig jaar als huwelijkstherapeut heb geleerd, is dat alle grote problemen ooit zijn begonnen als kleine problemen die niet werden opgelost. Als kleine en makkelijk te behappen problemen onopgelost blijven, groeien zij onvermijdelijk uit tot grote problemen die geen oplossing lijken te hebben. Door terug te gaan en naar de kleine problemen te kijken en ze aan te pakken, beginnen automatisch de grote, schijnbaar onoplosbare problemen te verdwijnen.

Ik geloof echt dat als mannen en vrouwen hun aangeboren verschillen kunnen begrijpen en waarderen, onze droom van de eeuwige liefde werkelijkheid kan worden. Het aantal echtscheidingen zal teruglopen en mensen zullen genieten van een leven vol liefde. Ik geloof dit omdat ik het elke dag om me heen zie gebeuren. Verder geloof ik dat als man en vrouw thuis nader tot elkaar komen, deze nieuwe harmonie zijn weerslag vindt in de wereld. Vrede en eendracht tussen de verschillende landen wordt mogelijk, als we deze taak eerst thuis volbrengen.

De liefde die u vandaag deelt, zal niet alleen u, uw partner en uw kinderen verrijken, maar ook de wereld. Ik hoop dat u dit boek leuk vindt om te lezen en het uw vrienden vertelt. We hebben veel om naar uit te zien. Moge u verder groeien in liefde en licht. Bedankt dat ik een verschil mag maken in uw leven.

HOOFDSTUK 1

Als man en vrouw elkaars verschillen kunnen respecteren, krijgt liefde een kans om te groeien.

Mannen komen van Mars

Stel u voor dat mannen van Mars komen en vrouwen van Venus. Op een dag, heel lang geleden, keken de bewoners van Mars door hun telescopen en ontdekten de bewoners van Venus. Die ene glimp die ze van de Venusbewoners opvingen, was genoeg om gevoelens bij hen op te wekken die ze nog niet kenden. Ze werden verliefd, vonden vlug het ruimtereizen uit en vlogen naar Venus.

De Venusbewoners verwelkomden de Marsbewoners met open armen. Ze hadden intuïtief geweten dat deze dag ooit zou komen. Hun harten openden zich volledig voor een liefde die ze niet eerder hadden gevoeld.

De liefde tussen de bewoners van Venus en Mars was betoverend mooi. Ze vonden het heerlijk om in elkaars gezelschap te zijn, om samen dingen te doen en alles te delen. Hoewel ze van andere werelden kwamen, genoten ze van elkaars verschillen. Maandenlang waren ze bezig met elkaar te leren kennen, met het ontdekken en begrijpen van hun verschillende behoeften, voorkeuren en gedragingen. Jarenlang leefden ze samen in liefde en harmonie.

Toen besloten ze samen naar de Aarde te vliegen. In het begin was alles mooi en schitterend. Maar de atmosfeer van de Aarde kreeg vat op hen, en op een ochtend werd iedereen wakker met een bijzonder soort geheugenverlies – selectief geheugenverlies!

vrouwen van Venus

Zowel de bewoners van Mars als die van Venus vergaten dat ze van verschillende planeten afkomstig waren en verschillend hoorden te zijn. Alles wat ze hadden geleerd over elkaars verschillen, was in één ochtend uit hun geheugen gewist. En vanaf die dag was er strijd tussen de mannen en de vrouwen.

ZEVEN GROTE

Marsbewoners

1. Grootste vergissing: Marsbewoners vallen anderen in de rede om oplossingen aan te dragen.
2. Mannen spreken Martiaans.
3. Marsbewoners hechten te weinig belang aan luisteren.
4. Op Mars maken grote uitingen van liefde een groot verschil.
5. Mannen trekken zich terug in hun hol om zich beter te voelen.
6. Op Mars denkt hij dat als zij niet om meer vraagt, hij blijkbaar genoeg geeft.
7. Marsbewoners vinden het vooral fijn als ze worden gewaardeerd, geaccepteerd en vertrouwd.

In elke Marsbewoner zit iets van een Venusbewoner.

VERSCHILLEN

Venusbewoners

1. Grootste vergissing: Venusbewoners komen met ongevraagd (nuttig) advies.

2. Vrouwen spreken Venusiaans.

3. Venusbewoners moeten afleren om te proberen een man te veranderen.

4. Op Venus maken kleine uitingen van liefde een groot verschil.

5. Vrouwen praten om zich beter te voelen.

6. Op Venus is het niet romantisch om te vragen om uitingen van liefde en genegenheid.

7. Venusbewoners vinden het vooral fijn als ze worden gerespecteerd, begrepen en gekoesterd.

In elke Venusbewoner zit iets van een Marsbewoner.

HET LEVEN OP MARS

Het gevoel van eigenwaarde van een man wordt bepaald door zijn prestatievermogen.

Marsbewoners waarderen macht, vakkundigheid, efficiency en prestatie. Ze zijn altijd bezig zichzelf te bewijzen en hun macht en vaardigheden te vergroten. Hun gevoel voor eigenwaarde wordt bepaald door hun prestatievermogen. Voldoening bereiken ze vooral door succes en prestaties.

Ze zijn meer geïnteresseerd in 'zaken' en 'dingen' dan in mensen en gevoelens. Terwijl vrouwen fantaseren over romantiek, fantaseren mannen over snelle auto's, snelle computers en nieuwere, krachtigere technologieën. Mannen worden in beslag genomen door de 'dingen' die hen kunnen helpen bij het uitdrukken van macht door resultaten te boeken en doelen te bereiken.

Een vrouw kan zich echter buitengesloten gaan voelen, want als een man zich op zijn werk concentreert of op het oplossen van problemen, denkt zij dat hij niets geeft om haar gevoelens.

HET LEVEN OP VENUS

Een vrouw ontleent haar gevoel van eigenwaarde aan haar gevoelens en de kwaliteit van haar relaties.

Venusbewoners waarderen liefde, communicatie, schoonheid en relaties. Ze besteden veel tijd aan het steunen, helpen en koesteren van elkaar. Communicatie is van het grootste belang. Met elkaar praten en omgaan is een bron van enorme voldoening.

Op Venus studeert iedereen psychologie en elke Venusbewoner is minstens doctorandus in de hulpverlening. Ze zijn veel bezig met persoonlijke groei, spiritualiteit en alles wat te maken heeft met leven, genezen en groei. Venus is bedekt met parken, organische tuinen, winkelcentra en restaurants.

Venusbewoners zijn zeer intuïtief. Ze hebben dit vermogen ontwikkeld door eeuwenlang te anticiperen op de behoeften en gevoelens van anderen. Het is een grote daad van liefde om je hulp en steun aan te bieden aan een andere Venusbewoner zonder dat deze daar om heeft gevraagd.

Een man kan zich dan echter beledigd voelen, want als een vrouw hem advies geeft, heeft hij het idee dat zij denkt dat hij het niet zelf kan.

ALS WE MAAR ONTHOUDEN
DAT MANNEN VAN MARS KOMEN
EN VROUWEN VAN VENUS,
VALT ALLES TE VERKLAREN.

Mannen en vrouwen leven in onenigheid met elkaar, omdat ze zich er niet van bewust zijn dat ze juist verschillend hóren te zijn. Het feit dat we deze belangrijke waarheid vergeten, is vaak de oorzaak van boosheid en frustraties. We verwachten dat de andere sekse meer op ons lijkt. We willen dat ze 'willen wat wij willen' en 'voelen wat wij voelen'.

Door de verborgen verschillen met het andere geslacht te begrijpen, zijn we beter in staat liefde te geven en te ontvangen. Door deze verschillen te erkennen en te accepteren, kunnen we creatieve manieren ontdekken om te krijgen wat we willen. En, nog belangrijker, we kunnen dan leren hoe we degene om wie we het meest geven het best liefde en steun kunnen geven.

Liefde is betoverend mooi en, zolang we ons van onze verschillen bewust zijn, blijvend.

De meest gehoorde klacht
van vrouwen over mannen,
is dat mannen niet luisteren.

De meest gehoorde klacht
van mannen over vrouwen,
is dat vrouwen altijd proberen
hen te veranderen.

De echte Mars&Venus-test

Deze test kunt u het best doen op een rustige plek, waar u de vragen eerlijk en oprecht kunt beantwoorden. Zowel Mars- als Venusbewoners moeten de test doen; maar alleen u hoeft uw eigen score te zien.

(Marsbewoners hebben een hekel aan testen, dus verwacht niet dat u zijn antwoorden te horen krijgt.)

LUISTERT U WEL ECHT NAAR HAAR?

Deze test is om te zien of u goed kunt luisteren. Tel één punt als u een zin soms gebruikt, twee punten als u een zin redelijk vaak gebruikt en drie punten als de zin tot uw dagelijkse taalgebruik behoort.

1 'Je moet je niet zoveel zorgen maken.'

2 'Dat heb ik niet gezegd.'

3 'Het is toch niet zo erg?'

4 'Oké, het spijt me. Kunnen we er nu over ophouden?'

5 'Waarom dóé je het niet gewoon?'

6 'Maar we praten toch?'

7 'Je moet je niet zo gekwetst voelen.'

8 'Wat probeer je nou te zeggen?'

9 'Zo moet je er ook niet over denken.'

10 'Hoe kan je dat nou zeggen? Vorige week hebben we een hele dag samen doorgebracht. Het was hartstikke leuk.'

11 'Dat bedoelde ik niet.'

12 'Oké, ik ruim de tuin op. Ben je nou gelukkig?'

Als een man van een vrouw houdt, denkt hij dat hij haar helpt door 'Mister Fix It' te worden en oplossingen voor haar problemen te bieden. Wat zij eigenlijk wil, is zijn medeleven en begrip.

13 'Ik weet het al. Kijk, dit is wat je moet doen.'

14 'Luister, we kunnen er toch niks aan veranderen.'

15 'Als je het nu al niet leuk vindt, begin er dan niet aan.'

16 'Waarom laat je je zo behandelen door anderen?'

17 'Als je niet gelukkig bent, waarom gaan we dan niet uit elkaar?'

18 'Nou ja, nu weet je tenminste hoe je het voortaan wél moet doen.'

19 'Ik doe het wel.'

20 'Natuurlijk hou ik van je. Doe niet zo raar.'

21 'Wat wil je nou eigenlijk zeggen?'

22 'Het enige dat we hoeven te doen, is...'

23 'Zo is het helemaal niet gegaan.'

UITSLAG TEST MARSBEWONER

Luistert u wel écht naar haar?

Tel al uw punten bij elkaar op.

0-10 punten

Gefeliciteerd! U bent een fantastisch luisteraar. U bent ondersteunend, vertrouwenwekkend en hebt een avondje uit van uw Venusbewoner verdiend.

11-21 punten

Soms luistert u niet goed, maar meestal bent u een attente partner.

Meer dan 21 punten

U bent een slecht luisteraar. Oefen de komende weken in het luisteren als een vrouw spreekt. Bijt op uw tong als u de neiging hebt om een oplossing aan te dragen of om haar gevoelens te veranderen. Het zal u verbazen hoezeer ze u erom zal waarderen.

PROBEERT U NOG STEEDS HEM TE VERANDEREN?

Deze test is om te zien of u nog steeds probeert om uw Marsbewoner te veranderen. Tel één punt als u een zin soms gebruikt, twee punten als u een zin redelijk vaak gebruikt en drie punten als de zin tot uw dagelijkse taalgebruik behoort.

1 'Hoe kan je zoiets nou kopen?'

2 'De borden zijn nog nat. Zo krijg je vlekken.'

3 'Je moet maar weer eens naar de kapper, vind je niet?'

4 'Ik zag een parkeerplek daar. Keer de auto en rij terug.'

5 'Je wilt graag tijd voor je vrienden hebben, maar wat dacht van je van tijd voor mij?'

6 'Je moet niet zo hard werken. Neem een dag vrij.'

7 'Niet daar neerleggen, dan raak je het kwijt.'

8 'Bel toch een loodgieter, die weet hoe het moet.'

9 'Waarom moeten we op een tafel wachten? Heb je niet gereserveerd?'

10 'Je moet meer tijd aan de kinderen besteden, ze missen je.'

11 Op je bureau is het nog steeds een rommel. Zo kun je toch niet nadenken? Wanneer ga je eens opruimen?'

12 'Ben je het nou wéér vergeten mee te nemen?'

13 'Rij niet zo hard; straks krijgen we nog een bekeuring.'

Als een vrouw van een man houdt, maakt ze een Plan van Aanpak om hem te veranderen. Wat hij eigenlijk wil, is dat zij hem vertrouwt en waardeert.

14 'Voortaan lezen we eerst de filmrecensie.'

15 'Ik wist niet waar je was. Je had me moeten bellen.'

16 'Iemand heeft uit de fles gedronken.'

17 'Niet met je vingers eten. Zo geef je het slechte voorbeeld.'

18 'Die chips zijn veel te vet, ze zijn niet goed voor je hart.'

19 'Je houdt te weinig tijd voor jezelf over.'

20 'Ik kan niet zomaar alles laten vallen om met jou te gaan lunchen.'

21 'Je overhemd past niet bij je broek.'

22 'Fred heeft nu al drie keer gebeld. Wanneer bel je hem eens terug?'

23 'Je gereedschapkist is een zooitje, ik kan niks vinden. Je moet hem eens opruimen.'

UITSLAG TEST VENUSBEWONER

Probeert u nog steeds hem te veranderen?

Tel al uw punten bij elkaar op.

0-10 punten

Gefeliciteerd! U hebt geleerd om uw partner te accepteren zoals hij is. U hebt een avondje uit van uw Marsbewoner verdiend.

11-21 punten

U wilt hem nog steeds veranderen, maar u bent toch meestal een steunende partner.

Meer dan 21 punten

Het is waar! U probeert hem nog stééds te veranderen. Probeer de komende week eens geen ongevraagd advies of commentaar te geven. De mannen in uw leven zullen dat niet alleen waarderen, ze zullen ook attenter en ontvankelijker voor u zijn.

Als een Marsbewoner zich beter wil voelen, trekt hij zich terug in zijn hol om zijn problemen alleen op te lossen.

HOOFDSTUK 3

Als Venusbewoners zich beter willen voelen, bespreken ze openhartig hun problemen met elkaar.

Mannen gaan naar hun hol, vrouwen willen praten

Een van de grootste verschillen tussen mannen en vrouwen is hoe ze met stress omgaan. Mannen krijgen een steeds nauwer blikveld en raken steeds meer in zichzelf gekeerd, vrouwen voelen zich steeds meer overdonderd en worden steeds emotioneler. In deze omstandigheden heeft een man andere behoeften dan een vrouw. Hij voelt zich beter als hij problemen oplost, zij als ze erover praat. Dit verschil kan onnodig wrijving in relaties veroorzaken.

WAAROM MANNEN NAAR HUN HOL GAAN

1. Hij moet over een probleem nadenken en een praktische oplossing vinden.

2. Hij weet het antwoord op een vraag niet. Mannen hebben alleen nooit geleerd om te zeggen: 'Tjee, ik weet daar geen antwoord op. Ik moet even in mijn hol naar een antwoord zoeken.'

3. Hij is geschokt of gestrest. Op zo'n moment moet hij alleen zijn om af te koelen en zichzelf weer onder controle te krijgen. Hij wil niets zeggen of doen waar hij later spijt van krijgt.

4. Hij moet zichzelf hervinden. Als mannen verliefd zijn, verliezen ze zichzelf. Te veel intimiteit tast hun macht aan. Ze moeten goed in de gaten houden hoe dichtbij ze iemand laten komen.

WAAROM VROUWEN WILLEN PRATEN

1. Om informatie te verzamelen of over te brengen.
2. Om te ontdekken, te verkennen en vast te stellen wat ze eigenlijk wil zeggen.
3. Om zich beter te voelen als ze door iets van streek is.
4. Om intimiteit te creëren. Door haar gevoelens te delen, voelt ze zich meer in contact met anderen en met zichzelf.

VIJF ALLEDAAGSE MISVERSTANDEN

Wanneer een man in zijn hol vastzit, is hij niet in staat om zijn partner de aandacht te geven die ze verdient. Voor haar is dat moeilijk te accepteren, omdat ze niet weet hoe gestrest hij is. Als hij over zijn problemen zou praten, zou ze meer met hem kunnen meevoelen. Maar dat doet hij niet, en zij heeft het gevoel dat hij haar negeert. Ze gaat er ten onrechte van uit dat hij niet om haar geeft, omdat hij niet praat.

1 Als een man in zijn hol zit, kan hij haar woorden opslaan met de vijf procent van zijn geest waarmee hij luistert. Hij vindt dat hij dan naar haar luistert. Maar zij wil eigenlijk zijn volle, onverdeelde aandacht.

2 Hij vindt dat als zijn lichaam aanwezig is, zij niet moet zeggen dat hij er niet is. Maar zij mist zijn volledige aanwezigheid.

3 Hij vindt dat als hij druk bezig is met het oplossen van haar probleem, zij daaruit moet afleiden dat hij om haar geeft. Maar zij wil eigenlijk zijn liefde direct voelen, in de vorm van medeleven en begrip.

4 Hij vindt haar gevoel onterecht, want zij heeft baat bij zijn harde werken. Hij realiseert zich niet dat zij het persoonlijk opvat als hij zich vooral op zijn werk concentreert in plaats van op haar.

5 Een man die in zijn hol zit, is zich er niet van bewust hoe zijn onverschillige houding bij anderen overkomt. Hij vindt dat zij te kritisch en te veeleisend is, want hij doet iets wat hij nu eenmaal moet doen om een probleem op te lossen. Maar wat zij eigenlijk nodig heeft, is zijn medeleven en zijn tijd, vóórdat hij met oplossingen aankomt.

Haar hart luchten door te praten

Als een vrouw gespannen is, krijgt ze instinctief de behoefte om te praten over haar gevoelens en alle mogelijke problemen die daarmee te maken hebben. Als ze begint te praten, heeft niet het ene probleem voorrang op het andere. Als ze van streek is, komt dat door alles bij elkaar – door grote en kleine zaken. Ze is in de eerste plaats niet geïnteresseerd in een oplossing, maar ze wil haar hart luchten door zichzelf te uiten en begrepen te worden. Door willekeurig over haar problemen te praten, wordt ze kalmer.

Als een vrouw over problemen praat, verzet een man zich meestal. Hij denkt dat ze met hem praat over haar problemen omdat ze hèm ervoor verantwoordelijk stelt. Hoe meer problemen, hoe meer hij zich beschuldigd voelt. Hij realiseert zich niet dat zij praat om zich beter te voelen. Hij weet niet dat zij het waardeert als hij alleen maar luistert.

Hoe de bewoners van Mars en Venus vrede sloten

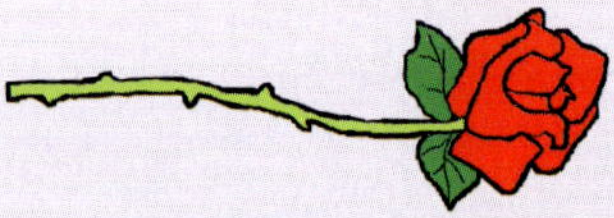

De bewoners van Mars en Venus leefden in vrede met elkaar omdat ze in staat waren hun onderlinge verschillen te respecteren. De Marsbewoners respecteerden dat de Venusbewoners wilden praten om zich beter te voelen. En zelfs als ze weinig te zeggen hadden, leerden ze dat ze hen konden helpen door naar hen te luisteren. De Venusbewoners respecteerden dat de Marsbewoners zich terugtrokken als ze onder spanning stonden. Het hol was niet langer iets mysterieus of verontrustends.

ZES MANIEREN OM EEN TERUGGETROKKEN MAN TE HELPEN

1 Keur zijn neiging tot terugtrekken niet af.

2 Probeer hem niet te helpen met het aandragen van oplossingen voor zijn probleem.

3 Probeer hem niet op te voeden door te vragen naar zijn gevoelens.

4 Ga niet naast zijn hol zitten wachten tot hij er weer uitkomt.

5 Maak u geen zorgen om hem, en heb geen medelijden met hem.

6 Doe iets wat u gelukkig maakt.

WAT U ZOAL KUNT DOEN

een vriendin bellen

een boek lezen

een bad nemen

tuinieren

in uw dagboek schrijven

naar muziek luisteren

ALS HIJ IN ZIJN HOL ZIT

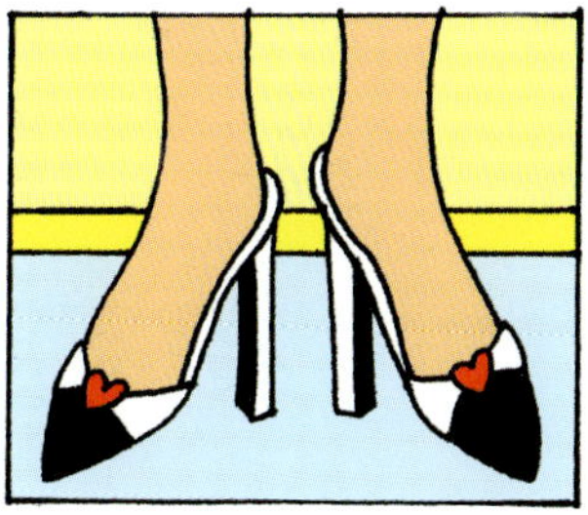

schoenen kopen

mediteren

een massage nemen

in therapie gaan

tv kijken

trainen

HOOFDSTUK 4

De gigantische taak om uit te vinden wat onze partner nodig heeft, wordt veel eenvoudiger als we de twaalf soorten liefde kennen.

De twaalf basis-behoeften der liefde

Mannen en vrouwen zijn zich er meestal niet van bewust dat ze verschillende emotionele behoeften hebben. Hierdoor weten ze niet instinctief hoe ze de ander het best kunnen helpen.

Mannen geven in relaties wat mannen willen krijgen, vrouwen geven wat vrouwen willen ontvangen. Beiden nemen ten onrechte aan dat de ander dezelfde behoeften en wensen heeft.

ZIJ VRAAGT ZORGZAAMHEID

•••••

HIJ VRAAGT VERTROUWEN

Als een man interesse toont in de gevoelens van een vrouw en laat merken dat haar welzijn hem dierbaar is, voelt zij zich geliefd en met zorg omringd. Als hij haar door zijn zorgzaamheid het gevoel geeft heel bijzonder te zijn, is hij erin geslaagd haar eerste basisbehoefte te bevredigen. Hierdoor gaat zij hem meer vertrouwen en wordt ze opener en ontvankelijker.

•••••

Een man vertrouwen is geloven dat hij zijn best doet en dat hij het beste wil voor zijn partner. Als de reacties van een vrouw wijzen op een positief geloof in de kunde en de bedoelingen van haar man, is zijn eerste basisbehoefte bevredigd. Hierdoor zal hij zorgzamer en attenter op haar gevoelens en behoeften reageren.

ZIJ VRAAGT BEGRIP

•••••

HIJ VRAAGT ACCEPTATIE

Wanneer een man met medeleven en zonder te oordelen luistert als een vrouw haar gevoelens uit, heeft zij het gevoel dat ze aandacht krijgt en begrepen wordt. Hoe meer de vrouwelijke behoefte aan aandacht en begrip wordt vervuld, hoe makkelijker het voor haar is aan de man de acceptatie te schenken die hij nodig heeft.

•••••

Als een vrouw een man liefdevol ontvangt, zonder te proberen hem te veranderen, voelt hij zich geaccepteerd. Wanneer een man zich geaccepteerd voelt, is het makkelijker voor hem om te luisteren en haar het begrip te geven dat ze nodig heeft en dat haar toekomt.

ZIJ VRAAGT RESPECT

•••••

HIJ VRAAGT WAARDERING

Als een man op een vrouw reageert op een wijze die haar rechten, wensen en behoeften erkent, voelt zij zich gerespecteerd. Concrete en fysieke uitingen van respect, zoals het geven van bloemen en het zich herinneren van belangrijke data, zijn essentieel om de derde basisbehoefte van de vrouw te vervullen. Als zij zich gerespecteerd voelt, is het voor haar veel makkelijker haar man de waardering te geven die hij verdient.

•••••

Als een vrouw erkent dat ze persoonlijk voordeel en eigenwaarde ontleent aan de inspanningen en het gedrag van haar man, voelt hij zich gewaardeerd. Als een man wordt gewaardeerd, weet hij dat zijn moeite niet voor niets was en dat stimuleert hem nog meer te geven. Als een man wordt gewaardeerd, groeit zijn respect voor zijn partner.

ZIJ VRAAGT TOEWIJDING

•••••

HIJ VRAAGT BEWONDERING

Als een man de behoeften van een vrouw vooropstelt en zich trots wijdt aan het vervullen hiervan, is haar vierde basisbehoefte bevredigd. Een vrouw bloeit op als ze weet dat ze aanbeden wordt. Als een vrouw het gevoel heeft dat ze nummer één is in zijn leven, zal zij hem bewonderen.

Zoals een vrouw de toewijding van een man moet voelen, heeft een man behoefte aan de bewondering van een vrouw. Een man bewonderen is hem bekijken met verwondering, verrukking en tevreden goedkeuring. Als een man zich bewonderd voelt door zijn vrouw, voelt hij zich zeker genoeg om zich aan haar te wijden en haar te aanbidden.

ZIJ VRAAGT BEVESTIGING

•••••

HIJ VRAAGT GOEDKEURING

Als een man de gevoelens van een vrouw niet afwijst, maar juist hun waarde erkent, wordt aan haar vijfde basisbehoefte voldaan en voelt een vrouw zich werkelijk bemind. (Haar standpunt erkennen is overigens iets anders dan het met haar eens zijn.) Als een man leert hoe hij haar deze erkenning kan tonen, zal hij verzekerd zijn van de goedkeuring die tot zijn basisbehoeften behoort.

•••••

Diep vanbinnen wil iedere man voor zijn vrouw de ridder op het witte paard zijn. Haar goedkeuring is het teken dat hij hierin is geslaagd. (Een man goedkeuring geven is overigens iets anders dan het met hem eens zijn.) Een goedkeurende houding erkent de goede motieven achter zijn daden. Als hij de goedkeuring krijgt die hij nodig heeft, wordt het voor hem makkelijker haar gevoelens op waarde te schatten.

ZIJ WIL GERUSTSTELLING

•••••

HIJ WIL AANMOEDIGING

Als een man herhaaldelijk laat zien dat hij om zijn partner geeft en haar toegewijd is, wordt haar basisbehoefte aan geruststelling bevredigd. Een geruststellende houding vertelt een vrouw dat zij onophoudelijk bemind wordt.

•••••

Om haar zesde basisbehoefte te vervullen, moet hij haar keer op keer geruststellen.

EEN MAN MAAKT VAAK DE FOUT

TE DENKEN DAT ALS HIJ EENMAAL AL HAAR

BASISBEHOEFTEN HEEFT VERVULD

EN ZIJ ZICH GELUKKIG EN VEILIG VOELT,

ZIJ VOORTAAN WEL WEET DAT HIJ

VAN HAAR HOUDT.

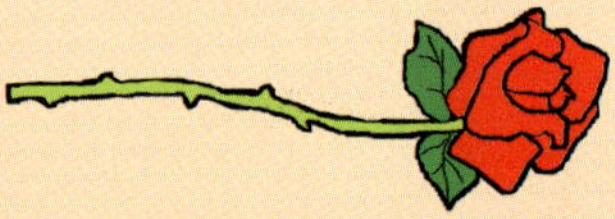

Het is een basisbehoefte van een man om te worden aangemoedigd door een vrouw. De aanmoediging van een vrouw geeft een man hoop en moed, omdat het betekent dat zij vertrouwen heeft in zijn bekwaamheid en zijn karakter. Als een vrouw vertrouwen, acceptatie, waardering, bewondering en goedkeuring uitstraalt, moedigt dat een man aan het beste in zichzelf naar boven te halen. Een man die wordt aangemoedigd, zal zijn vrouw de liefdevolle geruststelling geven die ze nodig heeft.

HOOFDSTUK 5

Een man die van een vrouw houdt,
moet zich af en toe van haar losmaken
voor hij weer dichterbij kan komen.

Mannen zijn net elastiekjes

Mannen zijn net elastiekjes. Ze kunnen zich tot een bepaald punt uitrekken, en springen dan vanzelf weer terug. Een elastiekje is de perfecte metafoor om de mannelijke intimiteitscyclus te begrijpen. Deze cyclus bestaat uit dichtbij komen, afstand nemen, en weer dichterbij komen.

Mannen hebben de drang tot afstand nemen instinctief. Het is geen beslissing of een keuze. Het is noch zijn schuld noch de hare. Het is een natuurlijke cyclus.

Een man neemt afstand omdat hij behoefte heeft aan onafhankelijkheid en zelfstandigheid. Als hij tot het verste punt is uitgerekt, springt hij in een keer weer terug. Als hij zich helemaal heeft losgemaakt, voelt hij plotseling zijn behoefte aan liefde en intimiteit weer. Hij is dan automatisch meer geneigd om liefde te geven en de liefde die hij nodig heeft te ontvangen. Als een man terugspringt, gaat hij verder met de relatie op hetzelfde niveau van intimiteit als waar hij was toen hij wegsprong. Hij heeft geen behoefte aan een 'hernieuwde kennismaking'.

Natuurlijk kan een man zich terugtrekken als hij zich afgewezen voelt, maar hij doet het ook als zij niks verkeerd heeft gedaan. Hij kan van haar houden en haar vertrouwen, en plotseling begint hij zich los te maken. Net als een elastiek dat zich uitrekt, verwijdert hij zichzelf en komt daarna op eigen kracht weer terug.

Vrouwen interpreteren dit gedrag verkeerd, omdat zij meestal om andere redenen afstand nemen. Zij doet het als ze er niet op vertrouwt dat haar man haar gevoelens begrijpt, wanneer ze gekwetst is en bang is om weer gekwetst te worden, of omdat hij iets fout heeft gedaan en haar heeft teleurgesteld.

Een man wisselt vanzelf tussen zijn behoefte aan intimiteit en zelfstandigheid.

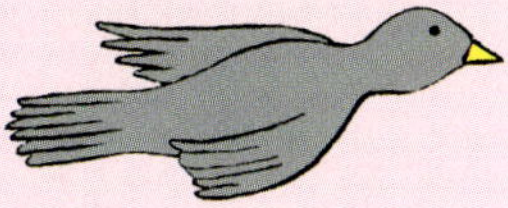

De twee manieren de intimiteitscyclus van de

1 Hem achtervolgen als hij zich terugtrekt.

[W]aarop Venusbewoners [M]arsbewoners verstoren

Achtervolgingsgedrag

- Als hij afstand neemt, volgt zij hem letterlijk. Hij loopt bijvoorbeeld een andere kamer in en zij volgt hem.
- Als hij afstand neemt, volgt ze hem emotioneel. Ze maakt zich zorgen om hem. Ze wil hem helpen zich beter te voelen. Ze heeft medelijden met hem.
- Ze keurt zijn behoefte om alleen te zijn af.
- Ze kijkt verlangend of gekwetst als hij afstand neemt.
- Ze kan proberen hem terug te halen door hem beschuldigende vragen te stellen, zoals 'Hoe kun je me zo behandelen?' of 'Wat is er toch mis met je?' of 'Snap je dan niet hoeveel pijn je me doet als je afstand neemt?'
- Ze past zich helemaal aan zijn wensen aan. Ze probeert volmaakt voor hem te zijn, zodat hij geen reden heeft om afstand te nemen. Ze geeft zichzelf op en probeert te worden wat zij denkt dat hij wil.

2 Hem straffen voor zijn terugtrekken.

Als een man wordt gestraft voor zijn terugtrekken, kan hij bang worden om het ooit weer te doen. Deze angst kan hem ervan weerhouden in de toekomst weer afstand te nemen. Zijn natuurlijke cyclus wordt dan doorbroken.

Strafgedrag

- Als hij weer naar haar verlangt, wijst ze hem af.

- Als hij terugkomt, is zij ongelukkig en geeft hem er de schuld van. Ze uit haar afkeuring met woorden, de toon waarop ze praat en door haar partner een gekwetste blik toe te werpen.

- Als hij terugkomt, weigert ze zich open te stellen en haar gevoelens met hem te delen. Ze wordt kil en verwijt hem dat hij zich niet openstelt en niet praat.

- Ze vertrouwt er niet langer op dat hij echt om haar geeft. Ze straft hem door hem geen kans te geven naar haar te luisteren en het goed te doen.

Als een man niet de kans krijgt zich terug te trekken, krijgt hij nooit de kans om zijn verlangen naar intimiteit te voelen. Het is belangrijk dat vrouwen begrijpen dat als ze een ononderbroken intimiteit eisen...

...of achter hun teruggetrokken partner aanrennen, hij vrijwel altijd zal proberen te ontsnappen en zichzelf te verwijderen; zo krijgt hij niet de kans zijn eigen verlangen naar liefde te voelen.

DE WIJZE MARSBEWONER

Mannen realiseren zich doorgaans niet wat hun plotseling afstand nemen en daarna weer terugkeren, op hun vrouwen voor uitwerking heeft. Een wijs man die eenmaal weet wat zijn intimiteitscyclus voor zijn vrouw betekent, zal het belang inzien van het werkelijk luisteren als zij met hem praat. Hij begrijpt en respecteert haar behoefte om bevestigd te zien dat hij in haar is geïnteresseerd en om haar geeft. Als hij zich niet aan het terugtrekken is, neemt een wijs man de tijd om met haar een gesprek te beginnen.

DE WIJZE VENUSBEWONER

Als een wijze vrouw met een gesprek begint, verwacht ze in eerste instantie niet van een man dat hij praat, maar vraagt ze hem om goed naar haar te luisteren. Ze vertrouwt erop dat hij zichzelf gaandeweg meer zal uiten. Ze straft noch achtervolgt hem. Ze begrijpt dat haar intieme gevoelens hem soms doen terugtrekken, terwijl hij op andere ogenblikken (als hij op de weg terug is) heel goed in staat is naar haar intieme gevoelens te luisteren.

In relaties nemen mannen afstand,
en komen dan weer dichtbij – bij vrouwen
stijgt en daalt het vermogen van
zichzelf en anderen te houden.

Vrouwen zijn net golven

Als een vrouw zich bemind voelt, stijgt en daalt haar gevoel voor eigenwaarde als in een golfbeweging. Als ze zich goed voelt, zit ze op haar top, maar dan slaat de stemming plotseling om en stort haar golf omlaag. Dit neerstorten is maar tijdelijk. Als ze op het laagste punt is aangekomen, zal haar stemming weer verbeteren en voelt ze zich weer goed. De golf begint vanzelf weer te rijzen.

Als de golf aan het rijzen is, voelt een vrouw zich alsof ze een overdaad aan liefde te geven heeft, maar als de golf daalt, voelt ze een innerlijke leegte die opgevuld moet worden met liefde. Het moment dat ze op het dieptepunt zit, is de uitgelezen tijd voor een 'emotionele opruiming'.

Als ze negatieve gevoelens heeft onderdrukt of zichzelf heeft weggecijferd om nog meer liefde te kunnen geven toen de golf stijgende was, zal ze bij het dalen van de golf van die negatieve gevoelens en onvervulde behoeften last te krijgen. Juist tijdens deze neergaande beweging is het belangrijk dat ze over haar problemen praat en dat iemand haar aanhoort en begrijpt.

Het voelt als het afdalen in een donkere put. Als een vrouw in de put zakt, daalt ze af in haar onderbewuste zelf. Ze kan dan plotseling een hele hoop onverklaarbare emoties en vage gevoelens doormaken. Maar als ze zich bemind en gesteund voelt, zal ze zich kort nadat de bodem is bereikt vanzelf weer beter voelen. Hoe plotseling ze ook is afgedaald, ze zal dan vanzelf herrijzen en weer liefde uitstralen.

• ALS DE GOLF NEERSTORT •

Een man denkt dat de plotselinge verandering in haar stemming geheel door zijn gedrag wordt veroorzaakt. Als ze gelukkig is voelt hij zich trots, en als ze ongelukkig is voelt hij zich verantwoordelijk. Hij kan zeer gefrustreerd raken, omdat hij niet weet hoe hij haar kan helpen. Het ene moment lijkt ze gelukkig, dus gelooft hij dat hij het prima doet, en het volgende moment zit ze in zak en as. Daar schrikt hij van, want hij deed het juist zo goed.

• NIET PROBEREN ER IETS AAN TE DOEN •

Het laatste wat een vrouw nodig heeft als ze 'afdaalt', is iemand die haar uitlegt waarom ze niet ongelukkig moet zijn. Zij heeft behoefte aan iemand die bij haar is als ze in de put zakt, die naar haar luistert als ze over haar gevoelens praat en die medeleven toont. Zelfs als een man het niet helemaal begrijpt, kan hij haar helpen door haar liefde, geduld en begrip te tonen.

Het is niet de schuld van de man als een vrouw in de put afdaalt. Door haar te steunen kan hij het weliswaar niet voorkomen, maar hij kan haar wel helpen door deze moeilijke periode heen te komen.

Een vrouw heeft het innerlijke vermogen om vanzelf weer te stijgen nadat de bodem van de put is bereikt. Een man hoeft haar niet te 'repareren'. Ze is niet kapot, maar heeft gewoon liefde, geduld en begrip nodig.

De liefde en steun van een man kunnen een vrouwenprobleem niet oplossen. Maar zijn liefde maakt het voor haar veiliger om dieper in de put af te dalen. Het is naïef om te verwachten dat een vrouw altijd alleen maar liefde kan schenken. Hij kan erop rekenen dat de put keer op keer terugkomt. En elke keer kan hij er beter in worden haar te helpen.

DRIE MANIEREN OM HAAR TE HELPEN ALS U AFSTAND WILT NEMEN

1 Accepteer uw beperkingen

Accepteer dat u zich wilt terugtrekken en niets te geven hebt. Het maakt niet uit hoe liefdevol u wilt zijn: u kunt nu niet aandachtig luisteren. Probeer niet te luisteren als u dat niet kunt.

2 Begrijp haar verdriet

Zij heeft meer nodig dan u op dit ogenblik kunt geven. Haar verdriet is terecht. Laat haar niet denken dat het fout van haar is om meer te willen of gekwetst te zijn. Het doet haar pijn in de steek te worden gelaten als ze uw liefde nodig heeft.

Het is niet fout dat u ruimte nodig hebt, en het is niet fout dat zij naar uw nabijheid verlangt.

3 Vermijd ruzie en stel haar gerust

Als u haar verdriet begrijpt, zal zij niet het gevoel hebben dat het fout is om gekwetst te zijn. Hoewel u haar niet de steun kunt geven die ze nodig heeft, voorkomt u dat geruzie het alleen maar erger maakt. Stel haar gerust door haar te verzekeren dat u terugkomt en dat u haar dan de steun kunt geven die ze verdient.

De neiging van de vrouw om te veel te geven, neemt af als ze zich realiseert dat ze de liefde waard is. Ze hoeft het niet te verdienen. Ze kan zich ontspannen, minder geven, meer ontvangen.

Ze verdient het.

Als een vrouw zich niet gesteund voelt als ze ongelukkig is, kan ze nooit echt gelukkig zijn. Om echt gelukkig te zijn moet ze de put induiken om haar gevoelens te bevrijden, te helen en te reinigen. Dit is een natuurlijk en gezond proces.

Als hij begrijpt dat zijn vrouw als een golf is, kan een man leren hoe hij haar kan steunen en de liefde geven die ze verdient.

HOOFDSTUK 7

Vrouwen worden gemotiveerd en geïnspireerd als ze zich bemind voelen.

25 manieren om op Venus te scoren

1 Verras haar met bloemen.

2 Weersta de neiging haar problemen op te lossen.

3 Als u later thuiskomt dan verwacht, bel haar dan even.

4 Zap niet steeds naar een andere zender als u met haar tv kijkt.

5 Neem haar af en toe mee op een romantisch uitje.

6 Was haar auto.

7 Ga tegelijk met haar naar bed.

8 Besteed in het openbaar meer aandacht aan haar dan aan anderen.

9 Zeg haar hoe u haar hebt gemist toen u weg was.

10 Behandel haar op dezelfde wijze als vroeger.

11 Vergeet nooit haar verjaardag.

12 Als u haar hand vasthoudt, laat uw greep dan niet verslappen.

13 Complimenteer haar met haar nieuwe look.

14 Als u haar ziet, omhels haar dan voor u iets anders gaat doen.

15 Plan een uitje een paar dagen van tevoren.

16 Bied haar aan te helpen als ze moe is.

17 Luister en stel vragen.

18 Stel eens een nieuw restaurant voor.

19 Doe de deur voor haar open.

20 Kies haar partij als ze met iemand ruzie heeft.

21 Als u de behoefte voelt tot afstand nemen, zeg haar dan dat u weer terugkomt.

22 Vraag haar hoe ze zich voelt.

23 Kijk haar aan als u naar haar luistert.

24. Geef haar cadeautjes, zoals een doosje bonbons of parfum.

25. Geef haar een kus en neem afscheid als u weggaat.

HOOFDSTUK 8

Mannen worden gemotiveerd en geïnspireerd als ze zich nodig voelen.

25 manieren om op Mars te scoren

1 Geef geen richtingaanwijzingen of ongevraagd advies.

2 Wees blij om hem te zien.

3 Zeg zo vaak mogelijk: ‘Dat klinkt redelijk,’ of ‘Je hebt gelijk.’

4 Bewonder zijn scherpzinnigheid.

5 Wijs hem niet af.

6 Als hij u teleurstelt, straf hem dan niet.

7 Vraag om zijn steun, zonder veeleisend te zijn.

8 Bewonder zijn auto.

9 Vertraag een beetje als u bij de deur komt, zodat hij hem voor u kan opendoen.

10 Geniet echt van de seks met hem.

11 Accepteer zijn fouten.

12 Maak geen ruzie, maar neem een time-out om even na te denken.

13 Waardeer hem.

14 Bewonder zijn kracht en talent.

15 Zeg niet 'Ik had het je toch gezegd?' als hij iets fout doet.

16 Rol niet met uw ogen als hij zijn sleutels is vergeten.

17 Vraag naar zijn mening.

18 Laat hem zich niet schuldig voelen als hij naar zijn hol verdwijnt.

19 Als hij weer tevoorschijn komt, wees dan blij hem te zien.

20 Als hij 'Nee' zegt op uw verzoek iets voor u te doen, neem dan aan dat hij het wel had gedaan als hij kon.

21 Lach om zijn grappen.

22 Bied uw excuses aan als u ongelijk had.

23 Wees tactvol bij het afkeuren van het restaurant van zijn keuze.

24 Zie het van de zonzijde als hij verdwaalt.

25 Vergeet nooit hem gedag te kussen.

HOOFDSTUK 9

Als communicatie het belangrijkste element van een relatie is, is ruzie het meest vernietigende element.

Ruzie doet pijn

Een van de moeilijkste uitdagingen in een liefdesrelatie is het omgaan met onenigheden en ruzies. Vaak als stellen een meningsverschil hebben, verandert hun discussie in ruzie, en hun ruzie zonder veel waarschuwing in strijd. Plotseling verdwijnt de liefde uit hun woorden en beginnen ze elkaar te kwetsen met beschuldigingen, klachten, eisen, verwijten en twijfels. Meningsverschillen zullen altijd blijven bestaan, maar we kunnen leren ze op een positieve manier op te lossen.

Mannen zeggen bijna nooit 'Het spijt me,' want op Mars betekent dat dat je iets fout hebt gedaan.

Vrouwen zeggen met 'Het spijt me' eigenlijk: 'Ik stel belang in hoe je je voelt.' Ze bieden niet hun excuses aan voor iets dat ze fout hebben gedaan. Mannen die zelden 'Het spijt me' zeggen, kunnen wonderen verrichten door dit onderdeel van de Venusiaanse taal te leren gebruiken. De makkelijkste manier om een ruzie te beëindigen, is door 'Het spijt me' te zeggen.

Als we de verschillen tussen mannen en vrouwen niet goed begrijpen, is het zeer eenvoudig om in ruzies terecht te komen die niet alleen onze partners beschadigen, maar ook onszelf. Het geheim om ruzies te vermijden, is te communiceren met liefde en respect.

Het zijn niet zozeer de onenigheden en ruzies die pijn doen, als wel de manier waarop we op zulke momenten communiceren. Eigenlijk hoeft een ruzie geen pijn te doen – het kan simpelweg een bevlogen gesprek zijn waarin we onze meningsverschillen uiten.

DE VIER MANIEREN

Er zijn vier basishoudingen die mensen aannemen om pijn te vermijden tijdens ruzies. Elke houding levert op korte termijn voordeel op, maar uiteindelijk zullen ze alle nadelig blijken.

1 VECHTEN

Dit is echt een houding die van Mars komt. Als uit een gesprek de liefde verdwijnt, nemen veel Marsbewoners een offensieve houding aan. Hun motto luidt: de aanval is de beste verdediging.

Ze halen uit met verwijten, veroordelen, bekritiseren en zorgen dat hun partner de schuld krijgt. Als de ander het opgeeft, denken ze dat ze hebben gewonnen. Maar in feite hebben ze juist verloren.

Intimidatie ondermijnt in een relatie het vertrouwen.

2 VLUCHTEN

Deze houding komt ook van Mars. Om de confrontatie uit de weg te gaan, kan een Marsbewoner zich terugtrekken in zijn hol om er niet meer uit te komen. Dit is als een koude oorlog. Ze weigeren te praten en er wordt niets opgelost. Deze Marsbewoners zijn bang voor de confrontatie en houden zich liever koest om zo het praten te vermijden over een onderwerp dat ruzie kan veroorzaken.

3 VEINZEN

Deze houding komt van Venus. Om te vermijden dat ze in een confrontatie worden gekwetst, doen veel Venusbewoners alsof er niks aan de hand is. Ze plakken een glimlach op hun gezicht, zijn het overal mee eens en vinden alles best. Maar na verloop van tijd worden deze vrouwen vervuld van wrok. Deze wrok blokkeert dan de natuurlijke uiting van hun liefde.

4 TOEGEVEN

Deze houding komt ook van Venus. In plaats van ruzie maken, geeft deze Venusbewoner liever toe. Ze neemt de schuld op zich en stelt zichzelf verantwoordelijk voor wat haar partner boos heeft gemaakt. Het lijkt alsof ze haar partner zo steunt, maar uiteindelijk zal ze zichzelf verliezen.

Met elk van de hier beschreven strategieën willen we voorkomen dat we worden gekwetst. Helaas werkt het niet zo. Wat wel werkt, is als u een beginnende ruzie herkent, meteen ermee op te houden. Neem een time-out om af te koelen, kom dan terug en praat weer met elkaar. Communiceer met meer begrip en respect voor de andere sekse. Langzaam aan zult u leren hoe u ruzie en strijd kunt vermijden.

Waarom vrouwen ruzie maken

- 'Ik vind het niet leuk als hij aan mijn gevoelens zo weinig waarde hecht.'
- 'Ik vind het vervelend als hij vergeet te doen wat ik hem gevraagd heb, want nou klink ik weer als een ouwe zeur.'
- 'Ik hou er niet van als hij zijn stem verheft of opsomt waarom hij gelijk heeft.'
- 'Ik heb er een hekel aan als hij niet reageert op mijn vragen of opmerkingen.'
- 'Ik haat het als hij uitlegt waarom ik niet gekwetst, ongerust of boos moet zijn.'

Waarom mannen ruzie maken

- 'Ik hou er niet van dat ze om het kleinste wat ik doe, of niet doe, al boos wordt.'
- 'Ik heb er een hekel aan als ze mij begint te vertellen hoe ik iets moet doen.'
- 'Ik vind het niet leuk wanneer ze mij de schuld geeft als ze ongelukkig is.'
- 'Ik vind het vervelend als ze zich zorgen maakt over alles wat mis kan gaan.'
- 'Ik hou er niet van als ze van mij verwacht dat ik haar gedachten kan lezen.'

Mannen zijn vooral geneigd ruzie te maken als ze iets fout hebben gedaan of als ze hun geliefde van streek hebben gemaakt.

Vrouwen beginnen vaak onbewust een ruzie doordat ze indirect zijn als ze hun gevoelens uiten.

HOOFDSTUK 10

Het geheim van het gelukkig maken van een man, is hem nooit proberen te veranderen of te verbeteren.

Hoe u kunt stoppen met een man proberen te veranderen

Een man moet zich geaccepteerd voelen, ook al is hij niet volmaakt. Het is niet makkelijk om iemands fouten te accepteren, vooral niet als we zien hoe hij ze kan verbeteren. Maar het wordt eenvoudiger als we begrijpen dat het niet meer proberen hem te veranderen, de beste manier is om hem te helpen groeien.

ZES TIPS OM TE STOPPEN MET EEN

Niet aanbevolen

Aanbevolen

1 Stel niet te veel vragen als hij ergens mee zit.

Negeer dat hij ergens mee zit, behalve als hij er met u over wil praten. Toon wat basisinteresse, maar niet te veel, om hem uit te nodigen met u te praten.

Niet aanbevolen

Aanbevolen

2 Wacht tot hij u om advies vraagt.

Wees geduldig en vertrouw erop dat hij zelf wel ziet wat hij moet zien. Als u hem ongevraagd advies geeft, denkt hij dat u hem niet vertrouwt, dat u hem wilt overheersen of hem afwijst.

Niet aanbevolen

Aanbevolen

3 Probeer zijn fouten te aanvaarden.

Zorg dat u zijn gevoelens belangrijker vindt dan de vraag of hij perfect is. Probeer hem niet te corrigeren of de les te lezen.

Niet aanbevolen

Aanbevolen

4 Offer u zelf niet op.

Als u offers brengt en van hem hetzelfde verwacht, voelt hij zich gedwongen te veranderen. Probeer dingen voor uzelf te doen en laat uw geluk niet alleen van hem afhangen.

Als de negatieve gevoelens worden onderdrukt, komen de positieve gevoelens ook in de verdrukking en sterft de liefde. Neem de tijd om uw gevoelens te uiten.

Niet aanbevolen

Aanbevolen

5 U kunt uw negatieve gevoelens uiten zonder hiermee te proberen hem te veranderen.

Al u uw gevoelens deelt, laat hem dan weten dat u hem niet wilt zeggen wat hij moet doen, maar dat u wilt dat hij rekening houdt met uw gevoelens. Als hij zich geaccepteerd voelt, is het voor hem makkelijker om te luisteren.

Niet aanbevolen

Aanbevolen

6 Wees vergevensgezind.

Vergeef hem zijn fouten. Soms weigert hij een fout toe te geven omdat hij bang is afgewezen te worden. Laat hem zien dat hij niet perfect hoeft te zijn om uw liefde te verdienen.

Zoals mannen aan vrouwen willen uitleggen waarom ze zich niet zo druk moeten maken, willen vrouwen aan mannen uitleggen waarom ze zich niet moeten gedragen zoals ze doen. Zoals mannen per abuis de vrouw willen 'repareren', willen vrouwen de man 'verbeteren'.

Mannen zien de wereld door de ogen van een Marsbewoner. Hun motto luidt: 'Niet repareren als het niet kapot is.' Als een vrouw probeert een man te veranderen, krijgt hij de indruk dat zij denkt dat hij niet in orde is. Dit maakt hem zeer defensief. Hij voelt zich niet bemind en geaccepteerd.

De beste manier om een man te helpen groeien, is door op te houden hem proberen te veranderen.

HOOFDSTUK 11

Als een vrouw niet om steun vraagt,
neemt een man aan dat hij genoeg geeft.

Hoe u steun kunt vragen en krijgen

Veel vrouwen maken de fout te denken dat ze niet om steun hoeven te vragen. Omdat ze zelf intuïtief de behoeften van een ander aanvoelen en geven wat ze hebben, verwachten ze ten onrechte dat mannen hetzelfde doen. Maar mannen zijn niet van nature geneigd hun hulp aan te bieden – ze moeten worden gevraagd.

STAP 1

Vraag om wat u al ontvangt

- Word u bewust van wat uw partner al voor u doet. Let vooral op kleine zaken, zoals het dragen van tassen, het repareren van dingen, het doen van reserveringen en andere klusjes.

- Vraag hem eerst dingen te doen waarvan u weet dat hij ze leuk vindt. Als hij ze doet, waardeer hem er dan om.

- Verwacht even niet van hem dat hij ongevraagd zijn hulp aanbiedt.

- Vraag in het begin niet meer aan hem dan hij gewend is te geven. Let op de vijf tips bij het vragen.

Vijf tips bij het vragen

1 Zorg voor een goede timing.

Pas goed op dat u hem niet iets vraagt te doen waar hij duidelijk net mee wil beginnen. Als hij bijvoorbeeld de vuilniszak wil vernieuwen, zeg dan niet: 'Zou je de vuilnisbak eens willen legen?'

2 Stel geen eisen.

Een verzoek is geen eis. Als u een verwijtende of eisende houding aanneemt, maakt het niet uit hoe zorgvuldig u uw woorden kiest: hij voelt zich niet gewaardeerd en zegt waarschijnlijk nee.

3 Wees kort.

Geef hem niet een hele opsomming van redenen waarom hij u zou moeten helpen. Een lange uitleg om uw verzoek te onderbouwen, geeft hem het gevoel dat u van hem eigenlijk geen hulp verwacht.

Als u om zijn steun vraagt, ga er dan van uit dat hij geen verdere aansporing nodig heeft.

4 Wees direct.

Vrouwen denken vaak dat ze om hulp vragen, terwijl ze dat niet doen. Een vrouw kan het probleem laten zien en dan verwachten dat hij zijn hulp aanbiedt, zonder dat zij er direct om vraagt.

Niet aanbevolen	*Aanbevolen*
'Iemand moet de kinderen ophalen, en ik kan het niet.'	'Zou jij de kinderen willen ophalen?'
'De post ligt nog in de brievenbus.'	'Zou jij de post willen halen?'
'We zijn al weken niet meer uit geweest.'	'Laten we iets leuks gaan doen. Heb jij een idee?'

Mannen reageren beter op directe vragen dan op indirecte verzoeken.

5 Gebruik de juiste woorden.

Door de juiste woorden te gebruiken, kunt u een man beter motiveren om u te geven wat u wilt.

Een van de meest gemaakte fouten is het gebruik van 'kun' en 'zou je kunnen' in plaats van 'wil' en 'zou je willen'. Met 'Zou je de vuilnisbak kunnen legen?' vraagt u eigenlijk vooral om informatie. 'Zou je de vuilnisbak willen legen?' is een verzoek.

Gebruik 'willen'. Vragen met 'kunnen' klinken te wantrouwend, indirect, zwak en manipulatief.

STAP 2

Vraag om meer

(OOK AL WEET U DAT HIJ NEE KAN ZEGGEN)

Voor u een man om meer vraagt, moet u zeker weten dat hij zich gewaardeerd voelt om wat hij al geeft. Pas dan kunt u, voorzichtig gedoseerd, meer gaan vragen.

Bij stap 2 is het de bedoeling dat u hem om meer vraagt, maar hem tegelijkertijd laat weten dat hij nee kan zeggen zonder uw liefde en steun te verspelen.

Kies situaties waarin u zijn hulp op prijs stelt, maar er zelden om vraagt. Doe het alleen als het echt in orde is als hij nee zegt.

Als u het wilt, moet u erom vragen

Hij is erg druk bezig met een belangrijk project. U wilt hem niet afleiden, want u ziet hoe geconcentreerd hij is. Maar u wilt ook even wat aandacht van hem. Normaal gesproken zou u er niet eens over beginnen, maar u bent nu aan het oefenen om meer te vragen.

Mannen zijn eerder geneigd ja te zeggen, als ze de vrijheid hebben om nee te zeggen.

STAP 3

Wees assertief

Blijf vervolgens stil.

Als u eenmaal stap 2 onder de knie hebt en een afwijzend antwoord sierlijk kunt accepteren, bent u klaar voor stap 3. Bij deze stap zet u al uw kracht in om te krijgen wat u wilt. Als u om zijn hulp vraagt en hij begint uitvluchten te zoeken, zegt u niet 'oké' zoals in stap 2. Nu oefent u erin te accepteren dat hij nee zegt, en intussen te blijven wachten op een ja.

Een van de belangrijkste elementen
van assertief vragen is het zwijgen
nadat u om hulp hebt gevraagd.

Als u de stilte doorbreekt,
verliest u uw macht.

Op Venus zeggen ze: 'Liefde is nooit hoeven vragen!'

Een Venusbewoner neemt aan dat als haar partner van haar houdt, hij zijn steun zal aanbieden zonder dat zij erom hoeft te vragen. Ze kan zelfs testen of hij echt van haar houdt door bewust niet om zijn steun te verzoeken. Om voor deze test te slagen, moet hij inspelen op haar behoeften en haar ongevraagd zijn hulp aanbieden!

Deze benadering van een liefdesrelatie werkt niet met mannen. Mannen komen van Mars, en als je op Mars hulp nodig hebt, vraag je er eenvoudig om. Mannen zijn niet van nature geneigd hun hulp aan te bieden – ze moeten worden gevraagd.

Als u de kunst van het vragen onder de knie hebt, zal uw relatie geleidelijk aan enorm verbeteren. Wanneer u in staat bent om meer te ontvangen van de liefde en hulp die u nodig hebt, zal uw partner natuurlijk ook gelukkiger worden. Mannen zijn het gelukkigst als ze denken dat ze de behoeften van de mensen van wie ze houden, hebben bevredigd.

Door op de juiste manier om hulp te vragen zorgt u niet alleen dat uw man zich meer bemind voelt, maar krijgt u ook de liefde die u nodig hebt en verdient.

HOOFDSTUK 12

Het opschrijven van uw gevoelens
is belangrijk.

De liefdesbrief

Als we van streek zijn, gefrustreerd of boos, is het moeilijk om liefdevol te communiceren. Een gesprek wordt al snel een ruzie – op deze momenten heeft praten geen zin meer.

Gelukkig is er een alternatief. In plaats van pratend uw partner in uw gevoelens te laten delen, kunt u hem of haar een brief schrijven. Een brief schrijven stelt u in staat naar uw eigen gevoelens te luisteren, zonder u zorgen te maken of u uw partner kwetst. Door vrijuit uw gevoelens te uiten, wordt u vanzelf rustiger en liefdevoller. U hoeft dan zelfs de brief niet meer aan de ander te geven. Als u zich warm en vriendelijk voelt, kunt u zich concentreren op het vinden van een oplossing in plaats van op negatieve gevoelens.

Het schrijven van de liefdesbrief

1 Neem ongeveer twintig minuten de tijd.

2 Ga op een rustige plek zitten en richt de brief aan uw partner. Beeld u in dat hij of zij vol liefde en begrip naar u luistert. Uw partner krijgt deze brief niet in handen: hij is enkel voor uzelf bedoeld.

3 Begin met de woede, dan de droefheid, de angst en vervolgens de spijt. Wijd aan elk van deze gevoelens een paar zinnen.

Wacht even na ieder stukje en voel welke emotie boven komt drijven. De zinnen die het meeste opluchten zijn: 'Ik ben boos,' 'Ik ben verdrietig,' 'Ik ben bang,' en 'Het spijt me.'

Onze emoties zijn als een ijsberg: we zijn ons normaal gesproken slechts bewust van een klein gedeelte. De rest blijft onder water.

4 Door eerst uw negatieve gevoelens te verkennen, komen vanzelf uw positieve gevoelens aan de beurt. Neem even de tijd om na te denken over wat u wilt, nodig hebt of wenst en ga dan over tot het uiten van uw positieve gevoelens als liefde, waardering, vergeving en vertrouwen.

5 Onderteken de brief met uw naam. Schrijf op wat u als reactie van uw partner wilt horen.

Een liefdesbrief over ruzie maken

Lieve Vanessa,

Woede: *het maakt me kwaad dat jij je zo laat gaan. Het maakt me kwaad dat jij zo gevoelig bent. Het maakt me kwaad dat jij me niet vertrouwt en me afwijst.*
Verdriet: *het doet me verdriet dat we ruzie maken. Het doet pijn als ik je liefde verlies. Het maakt me verdrietig dat we zo vechten. Het doet me verdriet dat we het oneens zijn.*
Angst: *ik ben bang om een vergissing te maken. Ik ben bang dat je me niet waardeert. Ik ben bang om met je te praten als je zo boos bent.*
Spijt: *het spijt me dat ik je gekwetst heb. Het spijt me dat ik het niet met je eens ben. Het spijt me dat ik jouw gevoelens niet accepteer. Het spijt me dat ik zo over je oordeelde.*
Liefde: *ik hou van je en ik wil dit graag oplossen. Ik hou van je. Als we weer praten, zal ik meer begrip tonen.*

Ik hou van je,

Michael

PS Het antwoord dat ik graag van je krijg is: 'Ik hou van je, Michael. Ik waardeer het echt dat je zo'n liefhebbende en begripvolle man bent.'

Liefde brengt onverwerkte gevoelens naar boven

Boos

Defensief

Veeleisend

Afgestompt

Geïrriteerd

Kritisch

Het verleden genezen

De ene dag voelen we ons bemind, de volgende dag durven we plotseling de liefde niet meer te vertrouwen. Als we met deze twijfel te maken krijgen, komen de pijnlijke herinneringen aan afwijzingen weer naar boven.

Gevoelens uit het verleden die we destijds niet konden uiten, overstromen plotseling ons bewustzijn als we ons gevoelsmatig veilig voelen. De liefde ontdooit onze ingevroren, onderdrukte emoties, en geleidelijk aan komen deze onverwerkte gevoelens in onze relatie naar de oppervlakte.

Het lijkt wel alsof deze onverwerkte gevoelens hebben gewacht tot u zich bemind voelde, zodat ze naar boven konden komen om te worden genezen.

Het 90/10-principe

Door te begrijpen hoe onverwerkte
gevoelens nu en dan naar boven komen,
begrijpen we ook waarom we zo makkelijk
worden gekwetst door onze partner.
Als we van streek zijn, heeft ongeveer
negentig procent hiervan te maken
met ons verleden en niet met
wat wij als de directe oorzaak
van ons gevoel zien.
Gemiddeld heeft slechts tien procent
van onze onlustgevoelens
te maken met de situatie
van het moment.

• EEN GENEZENDE BRIEF •

Wanneer u begrijpt hoe uw verleden uw huidige reacties beïnvloedt, kan dat helpen bij de genezing van uw gevoelens. Als uw partner u op de een of andere manier van streek heeft gemaakt, schrijf hem of haar dan een brief. Vraag u, tijdens het schrijven, af wat het met uw verleden te maken heeft. Terwijl u schrijft, komen wellicht herinneringen boven en ontdekt u dat u eigenlijk van streek bent vanwege bijvoorbeeld uw vader of moeder. Ga dan door met schrijven, maar richt de brief nu aan degene om wie het gaat.

Omdat u nu bij de wortel van het probleem bent aangekomen, bent u weer vrij om uw huidige partner te waarderen en te vertrouwen.

HOOFDSTUK 13

Liefde kent seizoenen.

De seizoenen der liefde

Een relatie is als een tuin. Als u wilt dat alles groeit en bloeit, zult u alles regelmatig water moeten geven. Daarnaast moet u goed letten op de seizoenen en onvoorspelbare weersveranderingen. Zaden moeten worden gezaaid, onkruid moet worden verwijderd. Op dezelfde manier moet u, als u de magie in uw relatie wilt behouden, de seizoenen van de liefde kennen en de bijbehorende behoeften.

De lente

Verliefd worden is als de lente. Het lijkt wel of we altijd gelukkig zullen zijn. Het is de tijd van onschuld. De liefde schijnt eeuwig en onze partner lijkt volmaakt bij ons te passen. Moeiteloos dansen we in harmonie en verheugen we ons op ons geluk.

De zomer

In de zomer van de liefde komen we erachter dat onze partner niet zo volmaakt is als we dachten: we moeten werken aan onze relatie. Frustratie en teleurstelling steken de kop op – we moeten onkruid wieden en de planten in het hete zonlicht hebben extra water nodig.

Het is niet meer zo makkeljk om liefde te geven en om de liefde die we nodig hebben te krijgen. Velen maken elkaar nu verwijten en verbreken de relatie. Zij beseffen niet dat liefde niet altijd eenvoudig is; soms is het hard werken in de brandende zon. In de zomer van de liefde moeten we zorgen voor de behoeften van onze partner, en tegelijkertijd zorgen dat we de liefde krijgen die we nodig hebben. Het gebeurt niet vanzelf.

De herfst

Wie in de zomer goed voor zijn tuin zorgt, kan in het najaar de vruchten plukken van het harde werk. Het is herfst. Dit is een gouden tijd – rijk en bevredigend. Onze liefde is volwassen geworden, en begrijpt en accepteert de onvolkomenheden van onze partner en van onszelf. Het is de tijd van dankbaarheid en samenzijn. Omdat we in de zomer hard hebben gewerkt, kunnen we nu genieten van de liefde die we hebben gecreëerd.

Wauw! Dat was net zo fijn als vroeger.
Ik vond het zelfs beter.
Wat? Vond je het vroeger minder fijn?
Toen was het ook heerlijk, maar het verschil is dat je nu ook mijn slechte kant kent, en toch nog van me houdt.

De winter

Opnieuw verandert het weer – het wordt winter. Tijdens de kille, gure wintermaanden trekt de hele natuur terug in zichzelf. Het is de tijd van rust, nadenken en vernieuwen. Het is de tijd van persoonlijke groei, wanneer we de liefde en vervulling meer bij onszelf moeten vinden dan bij de ander. Het is de tijd van genezen. Dit is de tijd dat mannen in hun hol hun winterslaap houden en vrouwen naar de bodem van hun put zinken.

Nadat we onszelf liefde en genezing hebben geschonken in de donkere winter der liefde, keert onherroepelijk de lente terug. We worden weer gezegend met hoop, liefde en een overvloed aan mogelijkheden. Door de innerlijke genezing en het zelfonderzoek in de wintermaanden, zijn we nu in staat onze harten te openen en opnieuw de lente der liefde te voelen.

MARS Venus

De volgende keer dat u problemen hebt
met de andere sekse, bedenk dan dit:
mannen komen van Mars,
vrouwen van Venus.

♥

Als u alleen maar onthoudt dat we geacht
worden verschillend te zijn, zal dit u al helpen
in uw relatie. Zelfs als u alle andere
zaken in dit boek vergeten bent.

♥

U hebt veel om naar uit te kijken. Moge u verder
groeien in liefde en licht. Bedankt dat ik
een verschil heb mogen maken in uw leven.

Ook verkrijgbaar in de boekhandel

Dé bestseller van John Gray:

Mannen komen van Mars, vrouwen van Venus
isbn: 90 274 6778 1

Mars, Venus, relaties
isbn: 90 274 6936 9

Mars & Venus in de slaapkamer
isbn: 90 274 6789 7

Mars & Venus voor altijd samen
isbn: 90 274 5607 0

Mars zoekt Venus, Venus zoekt Mars
isbn: 90 274 6160 0

Mars & Venus beginnen opnieuw
isbn: 90 274 6588 6

Mars & Venus op het werk
isbn: 90 274 7636 5

Mars & Venus - 365 tips voor de liefde
isbn: 90 274 7233 5